¡Vamos a salvar el bosque!

María Eugenia Santana
Mar Rodríguez

Usa este código para acceder al
BANCO DE RECURSOS
disponible en
ELE digital
www.anayaeledigital.es

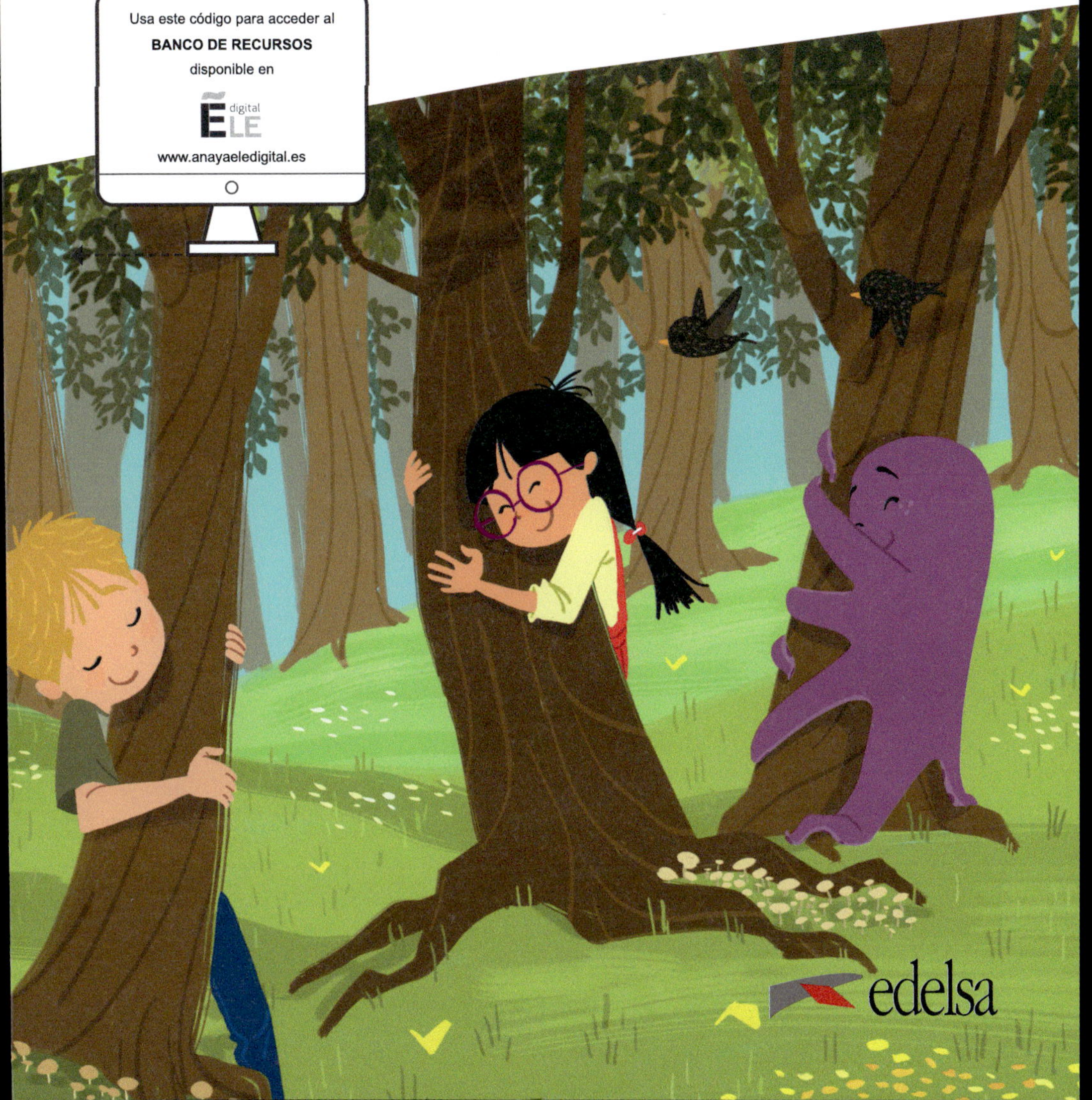

edelsa

Tinta, Mateo y Valentina van al mercadillo.

Tinta: Me encanta ir al mercadillo.
Mateo: Sí, a mí también. Me gusta mucho mirar los puestos de ropa y de artesanía.
Tinta: A mí no me gustan mucho estos puestos porque nunca hay ropa para pulpos.
Mateo: ¡Es verdad! Nunca hay camisetas para ocho brazos.
Valentina: A mí me encanta la pintura. ¡Vamos a ese puesto!
Rosa: ¡Buenos días! Soy Rosa. ¡Bienvenidos!
Valentina: ¡Buenos días, Rosa! Somos Mateo, Tinta y Valentina.
Tinta: Tus cuadros son muy bonitos.
Rosa: Gracias. Son pinturas realistas. También hay cuadros de mi abuelo. Él pintó sus lugares favoritos y yo decidí pintar los mismos lugares, 70 años después.
Valentina: ¿Tu abuelo siempre fue pintor?
Rosa: Sí. Él nació en 1910, vivió aquí toda su vida y pintó más de cien cuadros. Algunos están en el museo de la ciudad y otros aquí.
Tinta: Los cuadros de tu abuelo son preciosos.
Mateo: Y tus cuadros también, Rosa.
Rosa: Yo aprendí a pintar con él.
Valentina: ¡Qué suerte!

Tinta: A mí me gusta mucho este cuadro.
Mateo: Sí, el bosque que está en primer plano es muy bonito.
Valentina: Yo conozco este bosque. Está muy cerca, a veces voy
con mi familia.
Rosa: ¡Exacto! Este bosque está a veinte minutos a pie.
Tinta: Veo muchos animales también.
Rosa: Mi abuelo pintó este cuadro en 1953, pero ahora el bosque
es muy diferente y hay menos animales. Yo pinté este mismo
bosque el mes pasado. Aquí está.

Mateo: En el cuadro de tu abuelo veo más árboles que en tu cuadro.

Tinta: Además, en tu cuadro hay papeles en el suelo.

Valentina: También hay latas de refresco en el fondo.

Rosa: Sí, es muy triste.

Tina: Rosa, me encanta el cuadro de tu abuelo. ¿Cuánto cuesta?

Rosa: El cuadro cuesta 50 euros.

Tinta: Aquí tienes 50 euros. ¡La primera obra de arte para mi submarino!

Rosa: Muchas gracias, Tinta.

Valentina: Rosa, miro tu cuadro y veo que el bosque está peor que antes.

Rosa: Sí, es una pena.

Tinta: ¿Qué podemos hacer?

Valentina: ¡Tenemos que protegerlo! La naturaleza es nuestra casa.

Tinta: Sí, todos los seres vivos compartimos el planeta.

Mateo: ¡Tengo una idea! Podemos ir al bosque y limpiarlo.

Tinta: Sí. ¡Buena idea!

Valentina: ¡Sí!

Rosa: ¡Fantástico, chicos!

Tinta, Mateo y Valentina: ¡Muchas gracias, Rosa!

Rosa: ¡Mucha suerte! ¡Adiós!

Tinta, Mateo y Valentina: ¡Adiós!

Los tres amigos deciden ir al bosque.

Señor malo 1: Niños, ¿qué hacéis aquí?
Señora mala: No podéis estar aquí. ¡Fuera!
Señor malo 2: ¡Fuera!
Valentina: ¿Por qué no podemos estar aquí?
Señora mala: ¡Mira, niña! Todos los árboles tienen manchas blancas. Están enfermos.
Mateo: Nosotros queremos proteger y limpiar el bosque.
Señora mala: ¡Imposible! Estos árboles son peligrosos para las personas.
Señor malo 1: Pasado mañana vamos a cortar todos los árboles.
Señor malo 2: Tooodos los árboles. ¡Ja, ja, ja!

Tinta: ¿Qué? Los árboles son nuestros amigos.
Señor malo 1: ¿Vuestros amigos?
Estos árboles están enfermos y van a morir.
Señor malo 2: ¡Van a morir! ¡Ja, ja, ja!
Señora mala: ¡Adiós, árboles!
Señor malo 2: ¡Adióóós, árboles! ¡Ja, ja, ja!
Señor malo 1: Ahora, ¡fuera de aquí, niños! ¡Fuera!

Los tres amigos se van del bosque.

Mateo: ¡Es terrible!
Tinta: Estoy muy triste.
Valentina: Yo quiero ir al bosque por última vez para decirle *adiós*.
Tinta: ¡Yo también!
Mateo: Pero están esos señores.
Valentina: Mmm, pero podemos ir esta noche al bosque.
Mateo: ¡Buena idea! Seguro que los señores malos no van a estar.
Tinta: ¡Me da miedo!
Valentina: Tranquilo, Tinta. Tenemos linternas.
Mateo: Voy a llevar mi móvil para hacer fotos del bosque.
Valentina: ¡Genial! Así tendremos un recuerdo.
Mateo: ¿Nos vemos a las once y media de la noche?
Valentina y Tinta: ¡Sí!

Por la noche van de nuevo al bosque.

Mateo: ¡Pobres árboles!
Tinta: Te quiero, árbol.
Mateo: Estamos muy tristes, bosque.
Valentina: ¡Adiós, bosque!
Mateo: Voy a hacer unas fotos de recuerdo.
Valentina: ¡Mirad, una luciérnaga!
Tinta: ¡Qué bonita!
Valentina: ¡Otra luciérnaga!, ¡y otra!, ¡y otra!
Mateo: ¡Hay más de cien!
Valentina: ¡Guau!, y todas las luciérnagas tienen forma de flecha.
Mateo: ¡Qué raro! Es la primera vez que las veo en forma de flecha.
Tinta: La naturaleza nos está hablando.
Valentina: ¿Las luciérnagas nos hablan?
Tinta: Sí, claro.
Mateo: ¿Y qué están diciendo?
Tinta: Creo que dicen que tenemos que caminar y seguir
la dirección de la flecha.
Mateo y Valentina: ¡Vamos!

Mateo: ¡Qué raro! Aquí los árboles ya no tienen manchas blancas.
Valentina: ¡Es verdad! No entiendo nada.
Mateo: Voy a hacer una foto.
Tinta: Tenemos que cruzar el río.
Valentina: ¡Oh, no!, no hay puente.
Tinta: No es un problema, yo puedo ser vuestro puente.
Mateo: ¡Genial, Tinta!
Tinta: Amigas luciérnagas, ¡necesitamos luz en el puente!
Valentina: ¡Increíble!
Tinta: Amigos, todas las criaturas de la naturaleza estamos conectadas y nos ayudamos.

Valentina: ¡Oh, no! ¿Qué es esto?

Tinta: Está lleno de basura.

Mateo: Hay muchas botellas de plástico.

Tinta: Sí, y en las botellas pone 'Producto químico blanco'.

Mateo: ¿Qué? Voy a hacer una foto.

Tinta: ¿Por qué hay tantas botellas de este producto blanco?

Mateo: No lo sé.

Valentina: Mmm... ¡Ya sé, han puesto el producto blanco en los árboles!

Mateo: ¡Los árboles no están enfermos! ¡Es mentira!

Tinta: ¿Qué?

Valentina: Sí, Tinta. Las manchas blancas vienen de este producto.

Mateo: Pero... ¿Por qué estos árboles de aquí no tienen manchas blancas?

Valentina: Porque los señores malos empezaron con los primeros árboles del bosque.

Mateo: ¡Oh, no! Ellos van a volver para continuar poniendo el producto en estos árboles de aquí.

Valentina: ¡Tenemos que irnos!

Tinta: ¡Vamos!

Mateo: ¡A correr!

Señor malo 1: ¿Qué hacéis aquí, malditos niños?
Valentina: ¡Sabemos toda la verdad!
Señora mala: No sé de qué estáis hablando.
Valentina: ¿Ah, no? ¿Y qué son esas botellas?
Señora mala: Son botellas de agua.
Mateo: ¿Botellas de agua? Bebe un poco.
Señora mala: No tengo sed.
Tinta: ¡No quieres beber porque no es agua!
Valentina: Es un producto químico que ponéis en los árboles, tenemos fotos para demostrarlo.
Mateo: Voy a hacer otra foto de vosotros con las botellas.
Señora mala: ¡Nooo! ¡Quiero esas fotos!
Mateo: ¡¡¡Nooo!!! Es mi móvil. ¡Ayuda!

Tinta: Mateo, tírame el móvil.

Mateo: Cógelo, Tinta.

Señor malo 1: Eres muy lento, Tinta. ¡Ja, ja, ja! ¡Tengo el móvil!

Señor malo 2: ¡Eres lento... lento! ¡Ja, ja, ja!

Señora mala: No os van a creer si no tenéis las fotos.

Señor malo 1: Ahora, vais a ayudarnos a poner el producto químico en estos árboles.

Señora mala: Y en dos días vamos a cortar todos los árboles.

Señor malo 2: ¡Tooodos los árboles! ¡Ja, ja, ja!

Valentina: ¡No, por favor! El bosque es la casa de muchos animales y es muy importante para todos los seres vivos, también para los seres humanos.

Chispas: ¡Guau, guau!

Mateo: Tenemos que proteger la naturaleza.

Tinta: Tenemos que cuidar nuestro planeta.

Chispas: ¡Guau, guau!

Señora mala: ¡Chispas! ¡Chispas! ¿Adónde vas? ¡Vuelve!

Señor malo 1: ¡Perro malo! ¡Vuelve!

Señor malo 2: ¡Vamos niños! ¡A trabajar!

Señor malo 1: Vamos a poner las botellas de plástico en estas mochilas.

Señora mala: Y ahora todos van a pensar que los árboles están enfermos.

Señor malo 2: ¡Los árboles están enfermos! ¡Ja, ja, ja!

Señor malo 1: Sí, van a pensar que los árboles son peligrosos y vamos a cortarlos.

Señora mala: ¡Sí! ¡Ja, ja, ja!

Señor malo 1: Después, vamos a construir aquí edificios muy altos.

Señora mala: ¡Vamos a vender estos edificios!

Señor malo 1: ¡Vamos a ser muy ricos!

Señor malo 2: ¡Muy ricos! ¡Ja, ja, ja!

Más tarde por la mañana...

Pablo: ¡Hola, perrito bonito!
Sofía: ¿Qué tienes en la boca?
Pablo: Es un móvil.
Sofía: ¡Pablo, mira! Es el móvil de Mateo.
Pablo: ¡Qué raro!
Perro: ¡Guau, guau, guau!
Pablo: ¡Mira! Hay fotos de Valentina, Tinta y Mateo en el bosque.
Sofía: ¡Oh, no! También hay fotos de productos químicos.
Pablo: Y fotos de estos señores que no son muy simpáticos.
Sofía: A mí me parece que son señores peligrosos.
Pablo: Perrito, ¿nuestros amigos están en peligro?
Perro: ¡Guau, guau, guau!
Pablo: Sofía, tenemos que ayudar a nuestros amigos.
Sofía: Perrito, ¿nos vas a ayudar a encontrar a Mateo, Valentina y Tinta?
Perro: ¡Guau, guau!
Sofía: Primero vamos a pensar en un plan.

Pablo: ¡Sorpresa!

Señora mala: ¿Qué es esta cuerda? ¿Quiénes son todos estos niños?

Sofía: Somos los amigos de Tinta. ¡Chispas, ven!

Señor malo 1: Nosotros también somos amigos de Tinta.

Tinta: ¡Mentira! Ellos quieren cortar todos los árboles, no son mis amigos.

Señora mala: ¡Chispas! ¡Ayuda!

Lucas: Chispas no os va a ayudar porque quiere proteger la naturaleza.

Chispas: ¡Guau, guau!

Mei: ¡Vamos, todos juntos!

Valentina: ¡Buen trabajo! Ahora los señores malos no van a poder escapar.

Cristina: Este es tu móvil, Mateo. ¡Corre y enseña tus fotos a la policía!

Mateo: Sí. ¡Gracias, amigos!

Unos días más tarde, en el mercadillo...

Alcalde: ¡Gracias a Tinta, Valentina y Mateo por salvar el bosque!
Ahora nuestro mercadillo se va a llamar "Mercadillo Tinta"
Todos: ¡Viva Tinta, Valentina y Mateo! Sois los héroes de nuestra
ciudad.
Valentina: ¡Muchas gracias!
Tinta: ¡Y gracias también a nuestros amigos!
Mateo: ¡Viva Pablo, Sofía, Lucas, Cristina, Mei y Chispas!

Mateo: ¡Bienvenidos al puesto de fotografía!

Rosa: ¡Hola, chicos! ¡Qué fotografías más interesantes!

Mateo: Estas fotos son de nuestra aventura para salvar el bosque.

Valentina: Vamos a hacer más fotografías de lugares interesantes de la ciudad.

Tinta: Igual que hicisteis tú y tu abuelo con vuestras pinturas.

Rosa: ¡Qué bonito!

Valentina: Con nuestras fotografías queremos proteger nuestra ciudad.

Rosa: ¡Es una muy buena idea!

Tinta: Tú fuiste nuestra inspiración, Rosa.

Rosa: ¡Gracias! ¿Cuánto cuesta esta fotografía?

Tinta: Esta fotografía cuesta 5 euros.

Rosa: Aquí tienes 5 euros. Chicos, muchas gracias por salvar el bosque.

Chispas: ¡Guau, guau!

Rosa: ¡Gracias a ti también, Chispas!

1. Elige la opción correcta.

1. El abuelo de Rosa:
   - a. trabajó en un museo.
   - b. fue pintor.
   - c. nació en 1920.

2. Rosa pintó cuadros:
   - a. enormes.
   - b. feos.
   - c. preciosos.

3. Los señores malos van a:
   - a. limpiar el bosque.
   - b. proteger la naturaleza.
   - c. cortar los árboles.

4. Chispas:
   - a. jugó con Tinta.
   - b. bebió agua.
   - c. corrió con el móvil.

5. Tinta y sus amigos:
   - a. pintaron el bosque.
   - b. cortaron el bosque.
   - c. salvaron el bosque.

6. Al final, Rosa compró:
   - a. un cuadro.
   - b. una artesanía.
   - c. una fotografía.

2. Completa con el verbo adecuado.

compró ı fueron ı vende ı pintó ı decidieron
aprendió ı pinta ı hablaron ı costó

Rosa _____ a pintar con su abuelo y ahora ella

_____ cuadros en el mercadillo de la ciudad. El abuelo

de Rosa _____ sus lugares favoritos y ahora ella

_____ los mismos lugares 70 años después. Un día, Tinta,

Valentina y Mateo _____ al mercadillo y _____

con Rosa sobre sus pinturas. Tinta le _____ un cuadro

de un bosque que le _____ 50 euros. Después, Valentina,

Mateo y Tinta _____ ir al bosque.

3. **Lee las frases y marca si son verdaderas o falsas.**
Si es falsa, escribe la correcta.

	V	F
a. Rosa vende cuadros abstractos.	☐	☐
b. Rosa y su abuelo pintaron el mismo bosque.	☐	☐
c. Los árboles del bosque están enfermos y son peligrosos.	☐	☐
d. Los señores malos quieren cortar los árboles.	☐	☐
e. Las luciérnagas ayudaron a Tinta y a sus amigos.	☐	☐
f. Chispas ayudó a los señores malos.	☐	☐
g. Tinta y sus amigos salvaron el bosque.	☐	☐
h. Rosa fue la inspiración de Mateo.	☐	☐

4. **Mira las imágenes y completa las frases siguiendo**
el ejemplo.

Presente	Ella **vende** camisetas.	Ellos **miran** el cuadro.	Chispas	Mateo ....
Pasado	Ella **vendió** camisetas.	Ellos .... el cuadro.	Chispas **corrió**.	Mateo ....
Futuro	Ella **va a vender** camisetas.	Ellos .... el cuadro.	Chispas	Mateo **va a hablar**.

5. Lee la descripción del cuadro y subraya la opción correcta.

a. A mí me encanta/te encanta este cuadro: me parece que es precioso/feo.

b. A mis amigos me gusta/les gusta esta pintura: creen que es muy bonita/bonito.

c. En el fondo/En primer plano hay animales y en el fondo/en primer plano hay muchos árboles.

d. El bosque está muy limpio porque no hay basura/flores en el suelo.

6. Relaciona las preguntas con las respuestas.

a. ¿Cómo son los señores malos?

b. ¿Quién hizo fotografías del bosque?

c. ¿Dónde compró Tinta un cuadro?

d. ¿Cuándo nació el abuelo de Rosa?

e. ¿Por qué el mercadillo se llama Tinta?

f. ¿Qué tiene Chispas en la boca?

1. En 1910.

2. El móvil de Mateo.

3. Mateo.

4. Peligrosos.

5. En el mercadillo.

6. Porque Tinta y sus amigos son héroes.

7. Mira las agendas de Tinta, Sofía y Pablo y explica qué van a hacer.

	LUNES	MARTES	MIÉRCOLES	JUEVES	VIERNES
Tinta	comer en casa de Valentina	comprar un regalo a Chispas		ir al mercadillo	
Sofía y Pablo			visitar el museo de la ciudad		ir al cine

a. El lunes Tinta va a comer en casa de Valentina.

b. _____

c. _____

d. _____

e. _____

8. Ahora, escribe lo que vas a hacer la próxima semana.

a. El lunes ....

b. El martes ....

c. El miércoles ....

d. El jueves ....

e. El viernes ....

9. Observa, lee y escribe sobre los gustos de Rosa y de los señores malos.

Rosa	Señores malos
😊😊😊 el arte	😊 la *pizza*
😊😊 los libros de misterio	🙁🙁 la naturaleza
🙁 los colores oscuros	🙁🙁🙁 los animales

a. A Rosa **le encanta** el arte.

b. ....

c. ....

d. ....

e. ....

f. ....

10. Ahora, escribe sobre tus gustos.

💗 ME ENCANTA 🤍   💗 ME ENCANTAN 🤍

A mí ....

👍 ME GUSTA 👍   👍 ME GUSTAN 👍

....

👎 NO ME GUSTA 👎   👎 NO ME GUSTAN 👎

....

11. Contesta a las preguntas.

a. **¿Cuántos** cuadros pintó el abuelo de Rosa?

b. **¿Qué** hay en las botellas de los señores malos?

c. **¿Cuántas** luciérnagas vieron Tinta, Valentina y Mateo en el bosque?

d. **¿Quién** fue a hablar con la policía?

e. **¿Quiénes** ayudaron a Tinta, Mateo y Valentina a salvar el bosque?

12. Relaciona las dos partes de la frase.

a. Tinta, Mateo y Valentina	1. dio las gracias a Tinta, Mateo y Valentina.
b. Sofía y Pablo	2. vivió siempre en la misma ciudad.
c. El abuelo de Rosa	3. le encanta ir al mercadillo.
d. El alcalde	4. fueron al bosque de noche.
e. A Tinta	5. encontraron a Chispas.

13. Relaciona las definiciones con la palabra adecuada.

a. Es un lugar donde hay puestos de ropa y artesanía.

b. Es un animal que tiene cuatro patas y una cola.

c. Es un animal pequeño que tiene alas y luz.

d. Es una persona que pinta cuadros.

e. Es un lugar donde hay árboles, plantas y animales.

1. bosque
2. luciérnaga
3. mercadillo
4. perro
5. pintor/pintora

Primera edición: 2024

© Edelsa Grupo Didascalia, S. A. Madrid, 2024

© Autoras: Mar Rodríguez y María Eugenia Santana

Equipo editorial
Coordinación: Mila Bodas
Edición: María Sodore
Ilustraciones: Gustavo Mazali
Diseño de cubierta: Carolina García
Diseño y maquetación: Carolina García
Corrección: Carlos Miranda de las Heras

ISBN: 978-84-9081-874-9
Depósito legal: M-8278-2024

Impreso en España/*Printed in Spain*

PAPEL DE FIBRA
CERTIFICADA